CB050586

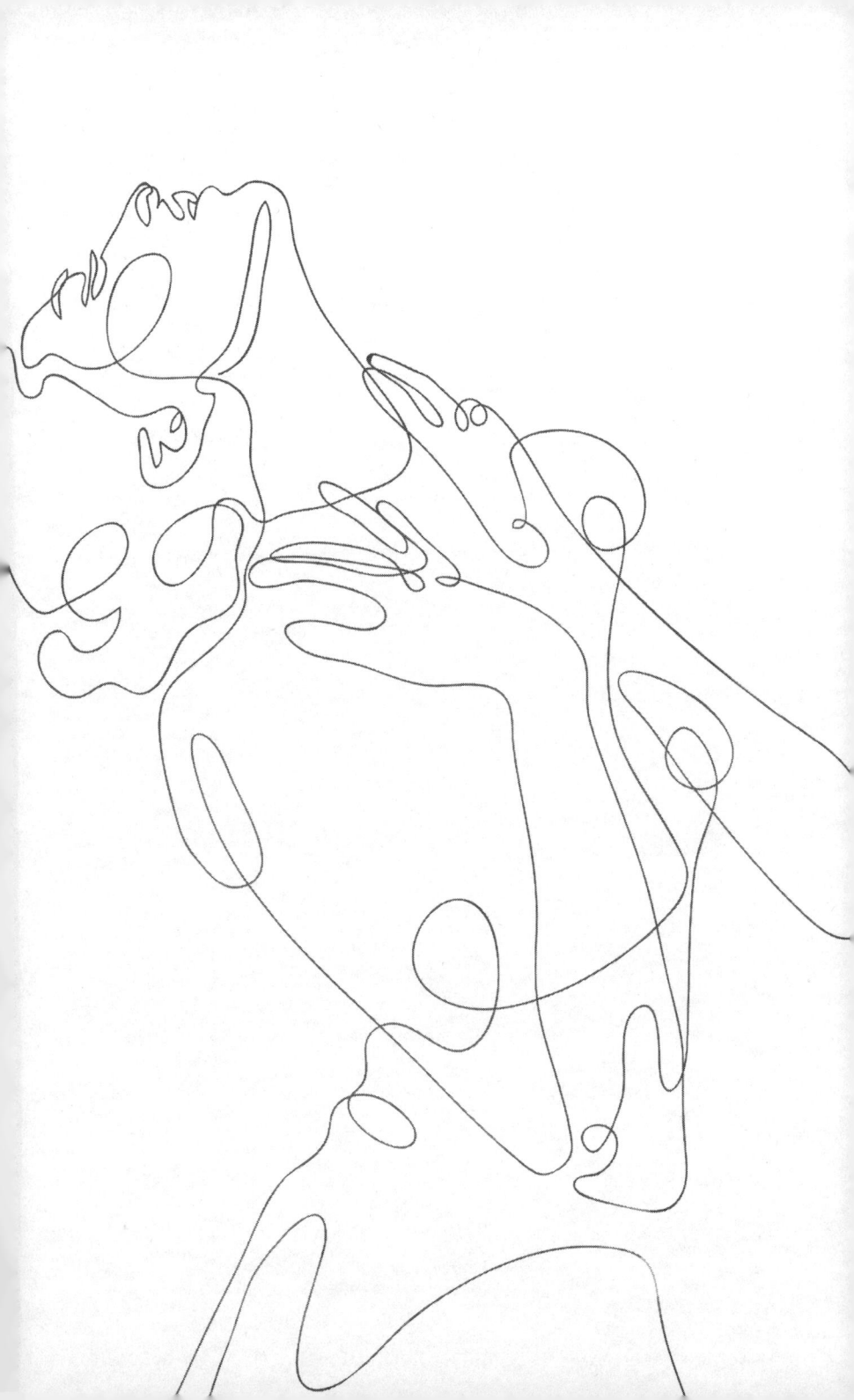

na memória do corpo

na memória do corpo
Mika Andrade

15
geográfica

16
lâmina

17
escrever, o desejo

18
enjambement

19
cânter 16-27 km

20
mutante

21
*

22
*

23
reverência

24
selvagem

25
ensaio sobre o teu corpo

26
devota

27
*

28
*

29
febre

30
*

31
disparo

32
*

33
*

34
*

35
dente por dente

36
*

37
água viva

38
mulher de ninguém

39
*

40
*

41
*

42
marítima

43
breves devaneios

44
amar silenciosa

45
do fogo

46
*

47
nota sobre o desejo

48
*

49
*

50
confissão

geográfica

ler o teu corpo com a palma das mãos

ir escrevendo o teu formato em minha memória

desenhando de um lugar
que só é possível contemplar a tua beleza

absurda   abismal   quedante

imprimindo teu retrato nu
em grãos de areia – na beira da praia
sem deixar que a onda
o leve e o apague.

lâmina

a tua língua
afiada

roça na minha – uma lâmina

depois do corte,
duas serpentes

a rastejar pelo teu corpo.

escrever, o desejo

de novo
ardente e sonoro
um uivo de prazer

guardo na memória do corpo
o ritmo, a linguagem

de novo
o poema preso
– intacto –
na garganta

prestes a rasgar a carne
e se inscrever na pele – verso abstrato

de novo
a lembrança dum poema
atiça as entranhas
e as minhas mãos tremem
na ânsia de escrever.

enjambement

passo 5-8 km

durante o dia
quando me queres – nuazinha –
lembro dos cavalos selvagens
– a crina,
em suave balanço,
agarra nos meus cabelos
te ofereço torrões
obcecada, relincho

trote 8-13 km

quando estou por cima
e posso te sentir
em minhas entranhas
sinto o seu sangue quente
arredio, te dedico horas
      (quero te domar)

cânter 16-27 km

contemplo seus olhos
através das pálpebras
cerradas pelo
movimento,
agora estou devota

galope 40-48 km

quando cavalga
e altera o carinho
entre tapas
     leves & fortes
teu jorro lambuza
meu lombo
que não se deixa
adestrar.

mutante

de um animal que se
sabe feroz
corre o perigo do peito
estourar o silêncio

– insustentável –

perscrutar seu olhar de
pantera
enquanto de noitinha
nossos corpos se
metamorfoseia em um
bicho só.

*

      a vulva
a vagina
vívida víbora
      sibilando
com sua úmida
linguinha

pulsando pulsando

*

sugar dos teus lábios
a palavra o instante
buscar com calma
o momento – inexistente

colar no teu corpo
ideias soltas e pedir
que tu não se isole

não catalogar o nosso desejo
não catalogar o nosso corpo
não catalogar a nossa existência

reverência

dobra tua coluna, alonga tua silhueta
e agradece

pelas minhas águas
que rebentam em tua boca

selvagem

i

m. certa vez disse que melhor
seria cortar a voz
encerrar a língua
como quem acaba
    uma tragédia.

me tomou a fala e
ecoou cantos que me
levou a ruínas
    amor e desejo,
rastejou como uma serpente
e sibilou uma linguagem cortante e
desconhecida e selvagem

ii

m., irei jogar a palavra
do avesso e
    costurar em
tua boca lábio língua
meu fôlego, minha poesia.

ensaio sobre o teu corpo

nos olhos negros de abismo
mergulhar por inteira
nesse caudaloso vislumbre;

em tua boca volumosa
afoga-me com suas palavras d'água
escreve com a sua saliva
o pulsante desejo;

inscreve teus beijos molhados
em toda minha pele, por favor

em tuas costas
possível deserto
sede, miragem e suor;

do teu membro
um doce e suculento sabor
que se desfaz em meus lábios;

nas mãos ágeis
as linhas em movimento
demonstram a velocidade com que
elas se movem para percorrer
o meu corpo
inteiro

devota

ainda que os meus joelhos
fiquem doloridos
intercedo por mim

derramará em minha face
teu líquido bendito
como um batismo

fará um altar
e eu serei consagrada
Deusa
da minha própria vida

eu me benzo
eu me enalteço

*

tocar a pele
com a ponta dos dedos
arrastando assim
como quem lê em braile

ou tenta decifrar um enigma tátil

*

os dois se esquivam do tempo
se comem
com as bocas ocupadas
da fome de se querer

febre

na ponta dos dedos
o movimento febril

      arrastado
molhado

o movimento febril

conduzindo na gruta
os teus dedos ternos
ao encontro
dos lábios em pétala
– a vagina, essa flor aberta –

escorrega devagar
mergulha também

*

no silêncio das horas
você me devora

no alarde do desejo
revelo o meu segredo

na fria madrugada
você conduz a cavalgada

no intervalo do tempo
seu gozo fica mais suculento

disparo

da cama surge
como em alto mar
um corpo que busca uma tábua de salvação

meu coração
submerso
em lençóis encharcados
de gozo, ondas em disparo

o fôlego em falta
a saliva salgada

*

no espelho
uma figura fantasmagórica
em fantástico êxtase
se contorce
no reflexo circular
sobre os vossos olhos

*

lamber a palavra
até que ela se faça líquida
           feito gozo

*

um mistério;

à noite
partida em insônia e delírio
do acaso de sonhos e conflitos

seus olhos me lambem,
sua língua me escuta,
sua boca me enxerga,
seus ouvidos me falam

do amor utópico entre nós.

dente por dente

i.

enlaço meus cabelos em algo sem nome
atravesso tua paisagem com sufoco
perco-me dentro do seu globo ocular

vislumbro que bicho tu é

imagino que te pertenço
enquanto navego em tuas águas salgadas

apenas um repouso delirante
em busca da própria coisa

eu fujo eu fujo eu fujo

mesmo sem voz, tu me reconhece

ii.

m. lambe os lábios e suga a saliva
como quem observa a presa

iii.

arrastar
o fio   dente por dente
retirar o excesso
do seu gosto-gozo

*

seu suspiro metálico
me atinge os tímpanos

sua voz me alimenta há anos

tenho seu cheiro impregnado
                na memória
e o gosto doce
da concha afogado
                na língua

lambo os lábios melados de figo

te admiro: você aberta
o sumo escorrendo

a saliva virando espuma
te cobrindo
: um véu

me protege, me guia
me leva para o além

te coloco em meu corpo
como um amuleto

água viva

ainda estou molhada
e me queimo

        água viva

guardo em mim
o segredo das águas
salgadas

        lágrimas-ondas

submergir de dentro do
olhar-maré
do vai e vem de ser
de se buscar e se
querer

mulher de ninguém

desenhei com refinado cuidado
dentro da minha própria pupila
a minha sonhada liberdade

*

m., sonhei que tu atravessava o mar
completamente nua
com a pele dourada e brilhante
caminhava em direção ao abismo
corpo molhado em êxtase

num outro momento eu te banhava
em uma banheira de bronze
tu era uma belíssima rainha e chorava
eu lambia às tuas lágrimas
como uma gata que lambe os
olhos de suas crias para acostumá-los a luz

nos abraçávamos e nossos corpos
refletiam apenas um ao espelho;

e quando eu acariciava a sua face
era a minha que era tocada;

e quando eu penteava teus longos cabelos
eram os meus que cobriam as minhas costas nuas;

e quando eu pronunciava o teu nome
minha voz ecoava na solidão.

*

embora a nossa sombra
dance uma coreografia silenciosa
pelas paredes do quarto
em uma linguagem aguda
de agonia
nossos corpos
se reconhecem incandescentes
viajantes de um destino de luxúria
que nos contamina de prazer ardente

*

eu sou aquela que se perde no
júbilo do encontro proibido

a que se embriaga com os teus
sussurros ao pé do ouvido

eu sou a que voluptuosa prova
do próprio mel e o sorve

sou a que devora e enlouquece com
a memória insondável do teu membro
encostando em minha boca

eu sou a que delira, a que sonha,
a que imagina, a que realiza

sem se opor aos sabores de cada corpo.

marítima

sempre fui do mar
com olhos de peixe
onírico
banho-me nua
de sol e lua

breves devaneios

i.

sou um corpo que se debruça sobre o rio

ii.

o cu
assim como a rosa
também desabrocha

iii.

estilo cachorra
(*vocês* consagraram)

iv.

é orvalho
a gota que pinga desse caule em riste

v.

sonhei que molhava
uma plantação de orquídeas negras
com a saliva pingando da minha língua

amar silenciosa

enquanto, de bruços, sobre a cama
uma fina lâmina de luz me ilumina

você molha minha superfície com a língua
                                                  só a pontinha
como se molhasse um dedo
para virar a página de um livro

e repete incansavelmente
esse gesto

depois
na minha boca
como se fosse uma concha
teu ouvido encosta

te digo baixinho que o meu amor é silencioso

uma maré calma

as ondas são suaves
só o meu gozo é intenso

mas sei que você sobrevive a maremotos

do fogo

não canso de repetir
que tens as mãos forjadas no fogo
como as espadas dos samurais
e espadachins

da névoa, a fuligem que compõe
tua matéria
tuas mãos conseguem sustentar qualquer
material revestido de puro
magma

por isso mesmo consegues abarcar
toda a minha vulva sem se queimar

*

o suor dos meus seios escorrendo
enquanto te cavalgo
é tempo bonito pra chover

nota sobre o desejo

é indelével
a cena do teu corpo
se contorcendo, gemendo

teu gozo
　　segredo oculto

perdura comigo
como o gosto do teu beck
na minha boca

*

passa o dia quietinha
(faz silêncio)

pensa em putaria, com pudor
(em silêncio)

embora, quando, tua voz sob o véu
veludosa arranhe em suave
maciez a minha pele
com inteligente perversão

*

senti os olhos dela
sobre nós
e uma névoa densa
sobre o nosso prazer

senti as mãos dela
sobre o teu corpo
submergindo-o em outros olhares
como em areia movediça

confissão

durante o dia

há uma áurea que impele
as vontades do corpo

mas essa arquitetura do sentir
desaba após tantas tarefas

há uma fraqueza que se impõe
com tremores na estrutura

durante o dia
a mente idealiza devassidão

mas a vida e o cansaço destroem
qualquer resquício de libido e desejo.

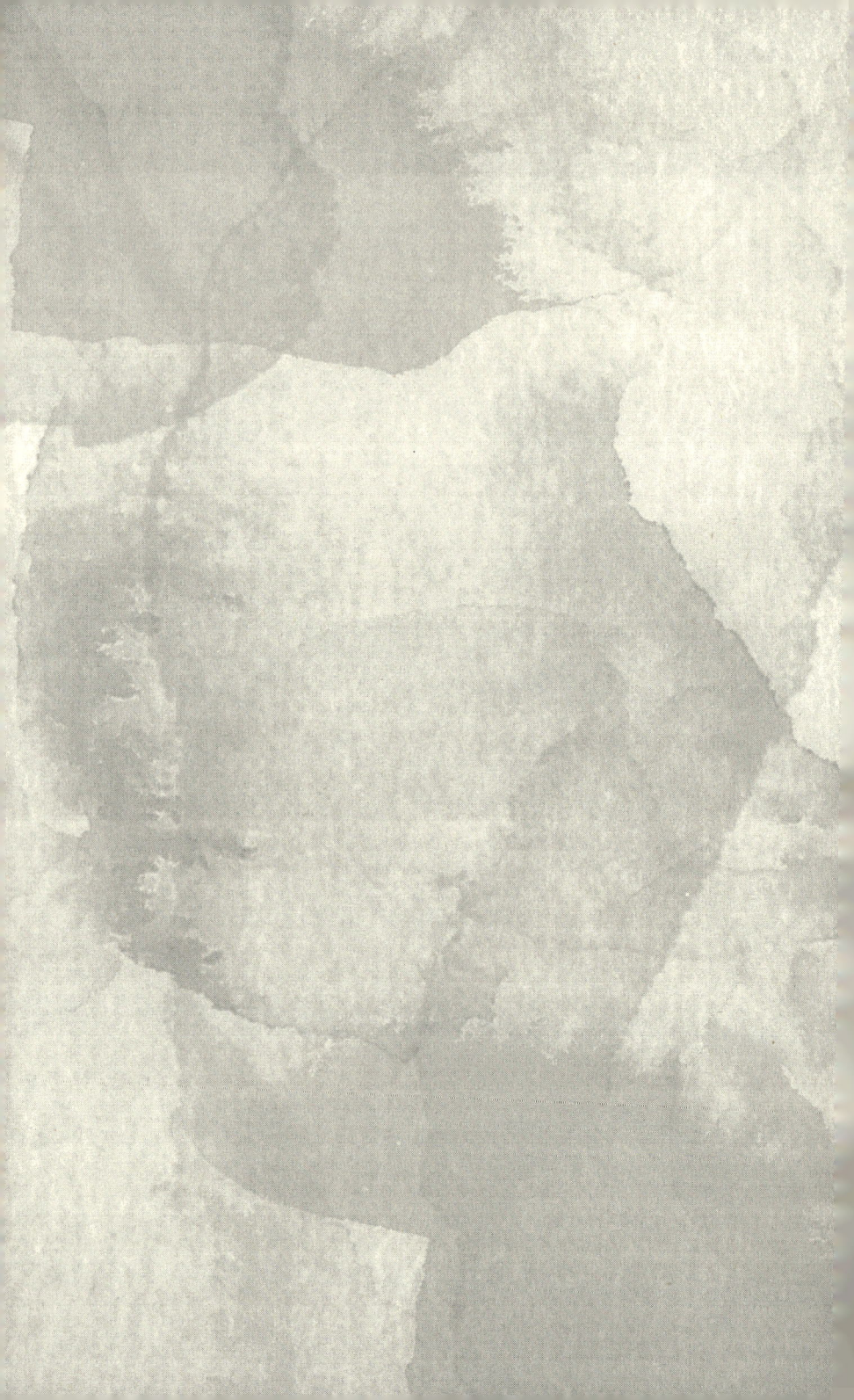

na memória do corpo © 2023 by Mika Andrade
© Moinhos, 2023.

Edição Nathan Matos
Assistente Editorial Aline Teixeira
Revisão Aline Teixeira e Nathan Matos
Diagramação Luís Otávio Ferreira
Capa Sérgio Ricardo

Dados Internacionais de Catalogação na Publicação (CIP) de acordo com ISBD

A554n   Andrade, Mika
na memória do corpo / Mika Andrade. – São Paulo : Moinhos, 2023.
58 p. ; 14cm x 21cm.
ISBN: 978-65-5681-141-3
1. Literatura brasileira. 2. Poesia. I. Título.

2023-1230   CDD 869.1   CDU 821.134.3(81)-1

Elaborado por Odilio Hilario Moreira Junior - CRB-8/9949

Índice para catálogo sistemático:
1. Literatura brasileira : Poesia 869.1
2. Literatura brasileira : Poesia 821.134.3(81)-1

Todos os direitos desta edição reservados à Editora Moinhos
www.editoramoinhos.com.br
contato@editoramoinhos.com.br
Facebook.com/EditoraMoinhos
Twitter.com/EditoraMoinhos
Instagram.com/EditoraMoinhos

Este livro foi composto em Fairfield LT Std no papel
Pólen Bold para a Editora Moinhos enquanto
Love Bug Blues, de Charles Bradley tocava.

*

No Brasil, a Petrobras anunciava o fim da política
de paridade de importação, o que diminuiria o
valor dos combustíveis e do gás de cozinha.

*

A Polícia Federal investigava o ex-presidente
do país em investigação sobre fraude em
cartões de vacina. Era maio de 2023.